AF232800

OTRE PROCÈS

AVEC

M. CHARLES MARCHAL

DIT

DE BUSSY

PRIX : 25 CENTIMES

EN VENTE CHEZ TOUS LES LIBRAIRES

MARTINON, LIBRAIRE

6, RUE DES BEAUX-ARTS.

M. Charles Marchal (dit de Bussy) vient de me citer en police correctionnelle comme diffamateur. Il m'accuse de l'avoir traité, dans une bien innocente brochure, portant ce titre : CHARLES MARCHAL (dit DE BUSSY), de *bâtard, d'ingrat, d'escroc,* de *mouchard et d'excitateur à l'assassinat.*

Et pour réparation d'un tel préjudice moral, ledit Charles Marchal demande au Tribunal de me condamner aux peines matérielles suivantes ;

1° A 5,000 fr. de dommages et intérêts à son profit ; 2° à l'insertion du jugement dans dix journaux de Paris et dix autres journaux de province à son choix et à mes frais ; 3° à l'affichage dudit jugement au nombre de 1,500 exemplaires dans les rues de Paris et d'un exemplaire à la porte de mon domicile et de celui de l'imprimeur, le tout sans compter la prison, l'amende et les frais.

*
* *

M. de **Bussy** n'y va pas de main morte, comme on voit. Mais avant d'être condamné à toutes ces choses, il me sera bien permis, je pense, de m'adresser encore une fois à l'opinion publique, qui est toujours, en définitive, le dernier et suprême juge.

C'est donc pour le public que j'écris cette défense, et j'espère qu'il aura assez de sens moral pour dégager la vérité de tout ce chaos.

Oui, je l'avoue, j'ai été indigné de toutes ces injures, de toutes ces attaques, de toutes ces voies de fait même, auxquelles se sont livrés, depuis deux mois, des membres de cette confrérie littéraire que je m'étais habitué à aimer et à respecter. J'ai vu des gens de lettres fouiller toutes les ordures, les prendre à pleines mains, se les jeter à la face, et cela m'a attristé.

*
* *

Moi, simple spectateur de ces querelles dégoûtantes, je me suis demandé s'il était possible que ces hommes, qui remplissent un sacerdoce pour ainsi dire, puisqu'ils sont chargés de moraliser les masses par leurs écrits, ne fussent que des êtres déclassés, dignes tout au plus de l'indifférence des honnêtes gens.

Un homme que je devais croire honnête, parmi tous les honnêtes, avait eu un jour le courage de dévoiler, publiquement, les turpitudes de ses confrères. Ce journaliste, ou plutôt cet écrivain, qui se posait carrément comme un censeur, me semblait avoir un grand cœur. Je ne le connaissais pas, et j'admirais M. Charles Marchal (dit de Bussy), tout en me chagrinant de voir renverser une à une les idoles que le talent et la verve de M. tel ou tel avaient élevées dans mon esprit.

Je me plaignais d'avoir été dupe et je me demandais si le talent, si la verve, si l'esprit ne pouvaient pas faire pardonner l'infamie.

Sévère comme le Brutus antique, M. Marchal, dit de Bussy, était là qui disait : Non.

Et je croyais toujours en M. Marchal (dit de Bussy).

*\
* *

Cependant, comme on n'arrache pas facilement du cœur un sentiment qui lui est cher, je voulus savoir à quoi m'en tenir. J'avais attendu vainement les preuves que devait toujours donner M. Marchal (dit de Bussy); je voyais le silence se faire autour de lui, et je me disais est-ce peur, est-ce mépris? D'un côté il me semblait que l'innocence devait se défendre, de l'autre, je pensais que l'homme sage et sûr de lui-même devait dédaigner la calomnie. Voulant savoir, je me mis à la recherche de ces dossiers que devait *toujours* publier M. Marchal (dit de Bussy), et malgré mes recherches consciencieuses je n'ai pu découvrir que les siens.

En courant les rues, j'ai appris encore bien d'autres choses, mais je me suis gardé de les livrer au jour.

Je n'ai voulu et je n'ai dit que ce que des écrits *authentiques* con taient sur M. Marchal (dit de Bussy).

Je pensais qu'il était bon que le public connût cet homme qui, d'un bal de barrière, lançait des flèches empoisonnées sur ceux qui marchaient la tête haute dans la vie. Il fallait en finir une fois pour toutes, dresser son bilan et le faire rentrer lui, et ses écrits, dans l'ombre où il vivait depuis quelque temps et où il aurait dû rester.

*
* *

M. Marchal (dit de Bussy) eut dû me savoir gré d'avoir fait aussi sobrement sa biographie. Il n'a donc pas compris que je m'étais abstenu systématiquement d'exprimer l'indignation qui soulevait ma poitrine. Quand on expose des faits irrécusables, il n'est pas besoin de véhémence, ni de cette emphase de mauvais goût qui distingue ses écrits et qu'il va chercher dans le dictionnaire de Vadé. La vérité est nue.

— Voyons donc un à un les griefs qu'articule contre moi la citation lancée à la requête de M. Marchal (dit de Bussy).

Et d'abord, y a-t-il dans ma brochure un seul de ces termes injurieux dont m'accuse l'adversaire? L'ai-je qualifié *d'escroc*, de *mouchard* et *d'assassin*? Nullement. Je n'ai fait que reproduire des documents publics.

Ainsi par exemple :

1° Il me reproche de vouloir le faire passer pour un *bâtard*.

M. Marchal (dit de Bussy) se trompe, ce n'est pas à moi qu'il eût dû envoyer son assignation. Le véritable coupable c'est M. Vapereau, dans son *Dictionnaire des Contemporains* (édition 1858), que j'ai cité dans ma brochure CHARLES MARCHAL (DIT DE BUSSY).

Je ne le fais donc, pas de ma pleine autorité, fils de l'avocat Philippe Dupin, et si j'avais voulu prouver plus que M. Vapereau, j'aurais pu dire toutes les libéralités dont M. Charles Marchal fut comblé par la famille Dupin, raconter comment il fut élevé dans une institution de la rue de Clichy et quelle intelligence précoce montrait le jeune collégien.

Je ne l'ai pas fait, pour me mettre à l'abri du soupçon d'invention. Je n'ai cité volontairement que des faits généralement acquis.

*
* *

On m'a dit aussi que M. Charles Marchal (dit de Bussy) avait perpétuellement dans sa poche le contrat de mariage de son père M. Marchal. Tant mieux pour lui, mais alors, qu'il confonde M. Vapereau ; mais qu'il montre, en même temps, son extrait de naissance, afin que l'on puisse contrôler les dates.

Je ne demande pas mieux, moi, que M. Marchal (dit de Bussy) édifie le public sur son compte.

*
* *

2° Quant à ce qui est de l'*escroquerie*, ah! pour cela je m'en lave les mains. Il peut me faire un procès, puisqu'il aime le scandale; mais qu'il en fasse un aussi aux greffiers de la Cour d'assises, qu'il en fasse un au *Droit* qui a raconté ses condamnations.

J'aurais pu d'ailleurs citer plus copieusement les journaux judiciaires, car les deux extraits que j'ai reproduits, d'après le *Figaro*, sont bien courts, et si je ne l'ai pas fait, c'est pour rester dans la réserve honnête que je m'étais imposée.

*
* *

3° Où diable M. Marchal (dit de Bussy) a-t-il vu que je l'appelais *mouchard*. Il a dû lire certainement ma brochure au travers de sa conscience. Je n'ai jamais eu la pensée d'écrire ce mot (mouchard). J'ai dit qu'il avait présidé, en compagnie de De Lahodde, le club de la *Grosse-Tête*. — Est-ce vrai ou est-ce faux? — Je n'ai pas qualifié le club, j'ignore ce qu'il était, ce qu'on y disait et comment il était composé.

*
* *

4° Quant à la campagne polonaise de 1848, il y a encore d'anciens compagnons de M. Marchal (dit de Bussy) dans cette folle équipée. Ces folies-là sont sublimes, et je ne sache pas que personne ait songé un instant à leur en faire un reproche, et M. Marchal (dit de Bussy) se fâche quand je cite un fait à son honneur, comme si c'était ma faute s'il a pu inspirer quelques soupçons.

Les hommes les plus délicats ne sont pas à l'abri de l'injure, M. Marchal (dit de Bussy) le prouve tous les jours.

Il ne devrait point l'oublier.

5° J'ai dit encore qu'il avait eu un journal prévenu d'excitation à la haine et au mépris des citoyens les uns contre les autres, vers 1849. Et M. Marchal proteste : mais il ne se souvient donc plus des trois derniers numéros de *l'Ami du Peuple?* Il y écrivait pourtant de bien bons articles. S'il veut les relire, je pourrai lui procurer cette petite satisfaction.

C'est assez, je m'arrête, de peur de donner trop d'importance à la réhabilitation de M. Charles Marchal (dit de Bussy). S'il y a une réhabilitation possible, je ne demande pas mieux que de la voir faire par lui, car il a assez calomnié et injurié les autres.

Calomniez, il en restera toujours quelque chose, a dit Beaumarchais, et sans doute l'auteur de *l'Inflexible* a voulu mettre en pratique cette maxime jésuitique ; mais quand on veut trouver des pailles dans l'œil de son voisin, il ne faut pas avoir de poutre dans le sien.

Et puisque Charles Marchal (dit de Bussy) a l'âme si blanche et si pure, puisque son passé est tellement intact qu'il se trouve offusqué par quelques lignes de biographie,

ce n'était pas devant la police correctionnelle qu'il devait m'appeler, mais devant le
tribunal civil.

Plaidant au civil, au lieu du correctionnel,
nous pourrions faire la preuve de ces faits,
que notre farouche adversaire dénie, et de
bien d'autres encore que nous lui avons
épargnés. Devant la sixième chambre, nous
ne le pouvons pas. M Charles Marchal le sait
bien, et il est bien aise de nous imposer ce
tribunal de la discrétion forcée.

*
* *

Fort heureusement, il sera obligé, malgré
lui, à venir devant le tribunal civil s'en-
tendre dire ses vérités, car un des honnêtes
écrivains diffamés par lui, M. Henri Roche-
fort, l'a cité à son tour devant la justice, et

il a choisi précisément un autre tribunal que le tribunal correctionnel, afin de pouvoir mieux montrer ce qu'est le sieur Marchal (dit de Bussy).

C'est là que nous attendons notre homme ; c'est là que le public pourra se prononcer définitivement et verra de quel côté sont les insulteurs et les diffamateurs.

En attendant que la lumière se fasse, je ne puis que répéter ce que j'ai déjà dit dans ma première brochure : « j'ai conscience d'avoir fait mon devoir, et ce devoir, je saurai le faire chaque fois que l'occasion s'en présentera.

Les juges, qu'ils soient correctionnels ou civils, feront, eux aussi, leur devoir ; ils le feront avec cette intégrité de conscience que tous nous leur connaissons.

D'ailleurs il n'est au pouvoir de personne de faire que ce qui est ne soit point.

DE COULONCHES.

Au moment de mettre sous presse, le dernier numéro de l'*Inflexible* nous tombe sous les yeux et nous y voyons, entre autres aménités à l'adresse de M. de Coulonches, signataire de la brochure intitulée *Charles Marchal dit de Bussy*, la phrase suivante : EST-CE LE PSEUDONYME D'UN LACHE QUI N'OSE PAS COMBATTRE A VISAGE DÉCOUVERT?

A cette apostrophe nous répondons carrément: Oui, c'était un pseudonyme que nous avions pris par pudeur, pour ne pas faire des mélanges de noms qui auraient hurlé de se trouver ensemble ! Non, ce n'est pas celui d'un lâche ; et puisqu'on parle de combat, nous voici à visages découverts !

EUGÈNE CEYRAS. B. AUBEY.

Paris. — Imp. Ém. Fouchain et Cⁱᵉ, rue J.-J.-Rousseau, 15.

J. J. Grandville
Gravés sur acier par C. Geoffroi
Texte
Épilogue

Paris. — Impr. Em. Voitelain et Cᵉ, rue J.-J.-Rousseau, 15

9 782329 158624